オトナ時間。オンナ時間。

ともさかりえ＆行正り香

マガジンハウス

prologue

出会いから10年。
あっという間に時間が過ぎた気がします。
子どもたちが本当に赤ん坊だったころから、
それぞれの家で一緒の時間を過ごし、
たくさんのおしゃべりをしてきました。
毎日連絡を取り合うような関係ではないけれど、
お互いに癒やしのような存在であり、刺激でもある。
「なんでも聞いてもらえる女友達がいる」
というのは、実に心強いものです。
忙しい毎日の中、うまく仕事をしていくための工夫、
ほっとした時間を持つためのこだわり。
自分たちなりのスタイルを、そっとお伝えします。

りえ＆り香

知り合って10年。
小さな出会いが
一生の宝物になるような
巡り合わせとなった。

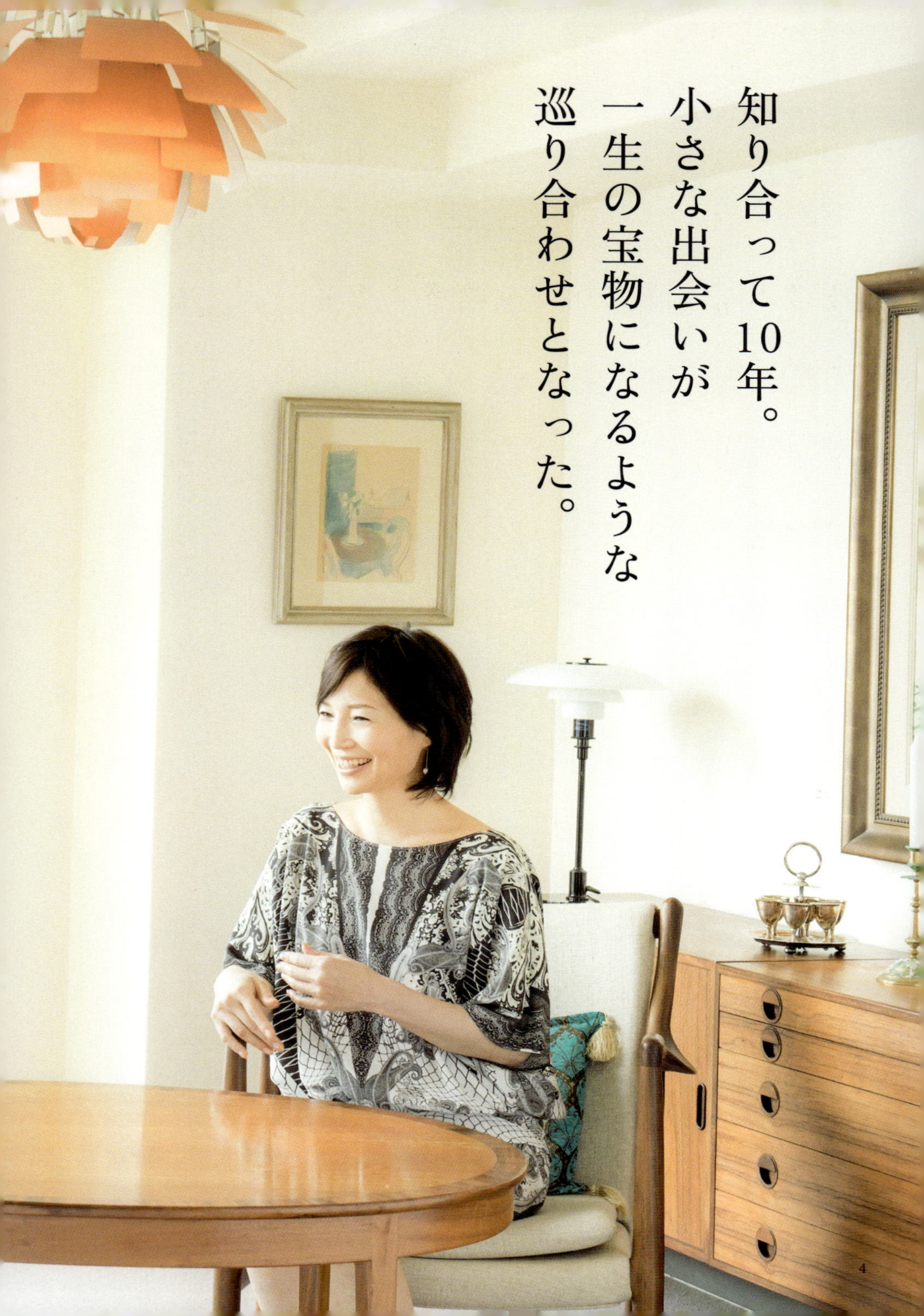

り香　私たちが知り合ったきっかけは、りえちゃんがテレビ番組で、私の料理本を紹介してくれたことだったよね。感激して、事務所にお礼のメールを書いたら……。

りえ　私のマネージャーが「ともさかさん、ご本人からメールが来ました！」って。私もすぐにお返事を出して、「り香ちゃんのご飯が食べたいです」と書いちゃった。それで、り香ちゃん家《ち》に呼んでもらうことになって。「はじめまして」と言った30秒後には、もうキッチンに立ってた（笑）。

り香　一緒に作ったほうが面白いかなぁと思ったの。

りえ　どれもり香ちゃんの本で見たことのあるお料理だったから、「これ、本で見たことがある！」って。ご本人が目の前で作ってくれるんだから、それはもう最高のおもてなしだったな。

り香　私がお肉を切っていたら、りえちゃんがにんにくの皮をむきだすとか、役割分担もスムーズで。一緒に料理をする時間って、ひとつのアート作品を作ることに近いのよね。さらに、音楽があって、ワインがあって、そのリズムを崩す子どもたちがいて……。

りえ　初めての時はたしか、うちの子が2歳。

出会いって不思議ね。
何も知らない者同士が
あるとき、突然、一緒にいる。
（り香）

初めて会ったのに
いきなりキッチンにいて
一緒に料理していたよね。
（りえ）

り香　うちが1歳と3歳。ずっと一緒にいたのに、「あれ、何を話したっけ?」ということもしょっちゅうだったのよね(笑)。

りえ　出会った頃は、座ってじっくり話すことがほとんどなかった気がする。

り香　料理を作っているときって、次は何をしよう?　って常に先のことを考えているから、脳がアクティブ。愚痴を話す暇もないから、お互いに一緒にいる時間がすごく貴重で、本当に素敵な時間の始まりだった。

未来の話をしている

りえ　毎回、子連れではなくて、時々は、ふたりで大人時間を過ごすこともあるよね。夕方早めの時間に待ち合わせして、ふたりで映画を観て。

り香　その後、食事をしてワインを飲んで。

りえ　私は、最近飲む量が減ったけど(笑)。いい気分でお店を出たら、じゃあね!　ってさっと別れて、互いに家へと向かう。

り香　りえちゃんが時々、おすすめの映画を教えてくれるでしょう?　ありがたいのよね。いつもすぐに観に行っちゃう。それでつい考えちゃうの。「りえちゃん、こんな役やればいいのに」って。

りえ　いつもり香ちゃんは、そんなことを言ってくれる(笑)。

り香　そういうことを考えるのもまた楽しいんだぁ。

りえ　ふたりとも、すっごくポジティブかというと、実はそうでもないんだよね。一般的に持たれているイメージとは逆なところもけっこうあって、り香ちゃんは、すごくサバサバしていて、頼れる姉御肌みたいに思われるけれど、わりと長く一緒にいると、すごくもろくて繊細なところもあるんだなって。そのギャップもまた、私は好きなの。

り香　そういうところもけっこう似ているのよね。あと、「会いたい」と思うタイミングがいつもピッタリ。

りえ　あれも不思議。いろんなことが一段落して、「り香ちゃんに連絡しよう」と思うと、り香ちゃんからメールが来たりするの。

り香　ちょうど似たような悩みがあったりしてね。

「私もいまメールしようと思ってたんだよ」ってことがよくある。だけど、会っても愚痴の言い合いにはならない。お互い、弱い部分もあるけれど、人前では、わざわざ出さないから。

りえ　そうだよね。気がついたら、私たち、いつも未来の話をしてるよね。これからやりたいこと、行きたい場所、食べたいもの。お互い子どもがいて、打ち込める仕事もあるから、だからこそ成立している部分もあるのかな。依存しすぎてないから。

持つべきものは、女友達かな

り香　女同士でも親子でも、依存し合ってしまうと、最後は壊れる部分も大きいかもしれないね。依存より、尊敬し合えることが、理想かな。

りえ　そう思う。私たちの互いの「好き」の先には、互いへの「尊敬」があるから。

り香　りえちゃんって、私の知っているこの何年かでも、どんどん仕事の幅を広げてるのよね。そのための努力をまったく惜しまない。どこからこの強さが生まれてくるのかなぁ、って。そのパワーは、やっぱり食べものなのかしら？（笑）

りえ　そりゃあ、もう！　私もり香ちゃんと会っていなくても「今ごろ、きっとり香ちゃんもがんばっているんだろうな」と思うことがあるよ。それだけで元気になれる。互いに表現方法は違うけれど、だからこそ素直に、こんなふうになりたいなって部分がいっぱいあるんだよね。

り香　仕事は、つらいこともたくさんあって、私は子ども向けウェブサイトの運営では、もう失敗の連続なのよね（笑）。うんざりして投げ出したくなるような感覚も、うんざりしても続ける感覚も、りえちゃんにはわかってもらってる。

りえ　ほんと。諦めない私たち（笑）。

り香　やっぱり持つべきものは、共に成長し合える女友達。男女だとこうはいかないわねぇ。

りえ　男女だともっと複雑になってくるから。互いの「好き」をまっすぐに伝えられるのは、すごく幸せなこと。り香ちゃんが男でなくてよかったって、いつも思うんだ。頼れる女友達は一生ものだから。

目次
Contents

ともさかりえ

行正り香

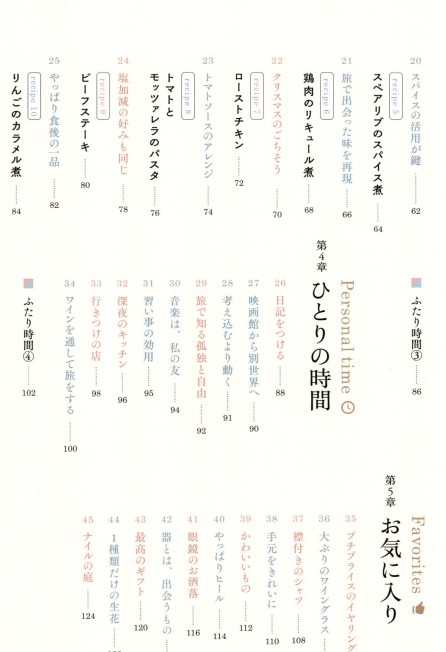

第4章 Personal time ひとりの時間

第5章 Favorites お気に入り

私たちが小さかったころ、仕事をしているお母さんは、あまり周りにはいませんでした。りえちゃんも私も、首から鍵をぶら下げて、お母さんがいないお家《うち》に自分たちで入っていきました。互いに寂しかった？　と尋ねることもあるけれど、「それはなかったよねぇ」と（笑）。宿題をしなさいと怒られることも、ランドセルを放り出して遊びに行くんじゃありません、と言われたこともない。ある意味、自由であったからこそ、お互いに自分の時間をどのように遣っていけばよいか、自分がどうしていけばよいのか、考えさせられたのかもしれません。

今は、女性が仕事を持てる時代になり始めました。昔ならば、結婚したり赤ちゃんが生まれたりすれば、辞めることは当然で、それ以外のチョイスなどに恵まれていない時代でした。

生き方にはいろいろあって、ひとりで生きていくことも、2人や、子どもが生まれて3人で生きていくこともすばらしいし、仕事を続けるのも、仕事を辞めて何かを見つける人生も、すべてすばらしいな、と思います。これはりえちゃんも私も全く同じ意見です。人にはいろんな状況があるから、いろんな形がある。だから世界は百花繚乱でおもしろいのよねぇと、そういうお話をよくしています。

ただ、ひとつだけ共通して感じていることは、「どういうふうに生きてきたとしても、60代、70代を超えたとき、ある意味、互いにひとりで歩むような人生がやってくるだろう」ということです。子どもは自立し、パートナーもきっと、男の仲間と遊ぶのが中心になり（笑）、仕事も減って、そうして突然自分たちの目の前に、いきなり、すーっと長くなったような時間が現れるのだろうねと。

「お互い白髪になって、時間が長く感じられるようになったら、互いの時間を埋め合えるような存在になれたらいいね、り香ちゃん」、時々そう言ってもらい、本当に心からそう思い、だからこそ、今できることを一生懸命やって、半歩ずつ前に進んでいけたらいいな、と思っています。

こうしてみなさんに向けて、仕事や子育てなどについて、私たちが常々思うことを共有できるなんて、ありそうで、ないこと。だからきっと、私たちにとってこの一冊は、忘れがたい想い出になるのかな。本を手にしてくださったみなさま、ありがとうございます。みなさまにとっても、よき時間を共有できる一冊だといいなぁ。出来上がった日には、ふたりで乾杯させていただきます。

さてさて、まずは私たちに出会いをもたらしてくれた、「お仕事」のお話から。

Chapter 1

Work

仕事のこと

私たちにとって、人生で大きい意味を持つのが仕事。大変なことも多いけれど、自分を成長させてくれるかけがえのないものでもある。お互いをリスペクトできるのも、仕事で頑張っている面を知っているからかもしれない。

my style
01
by
ともさかりえ

限界はつくりたくない。失敗をチャンスに変えて、次のステップへ。

12歳から仕事を始めて、気付けば24年になります。右も左もわからないまま、心に灯った微かな光を頼りに、ただただ必死にやってきました。無知だからこそ走れたっていう部分もあるのかもしれないなぁ。失敗しても失敗しても、次に繋がる道を自力で探してひたすら前に進んでいく。いつだって、この繰り返しだったように思います。

でも10代から20代前半にかけては、失敗は恐ろしいものだと感じていたし、監督に求められる芝居ができなくて何度も何度もテイクを重ねたりすると、延々と自分を責めて落ち込み、眠れない夜もたくさんありました。

撮影が終わってからスタジオのトイレで泣いたことも数知れず（笑）。それでも諦めずにここまで続けてこれた理由は、芝居が好きだ！という思いと、この先にあるであろう世界を見たい！という好奇心が常にあるからかもしれません。自分のボキャブラリーなんて実はたかが知れていて、失敗の中にいろんなヒントが隠されている。そこを掘り下げずに、ただ失敗をしたという事実だけに囚われていたのでは失敗した損。自ら繋げていかないと次はないのです。

その山を越えることは、もちろん言葉で言うほど簡単ではないし、苦しくて怖くて逃げ出したくなることもあります。でも、自分の力で進まない限りは、乗り越えていけないんですよね。そうやってこそ得られる喜びや達成感が、人を豊かにしていくのではないでしょうか。

失敗をチャンスに変えて、意味のあるものにする。自分に限界をつくらなければ、いつだって、どんな形にも羽ばたいていけるものだと信じています。

my style
02
by
行正り香

続けようと努力はしない。
辞めないことは、努力する。

仕事を続けたいという思いが強すぎると、先のことを考えすぎてしまうような気がします。今の仕事を続ける限り、育児との両立は無理だろうから、会社を辞めようかと悩む後輩もいました。

「え！　彼氏ができたの？　よかったねえ！」と言うと、彼氏はまだいない、と。でもできたとしても、続けられないかもしれないから、仕事を辞めようかと思っているんです、と伝えられました。私は伝えました。「それは、考えすぎかな。もったいないよ」と。

育児との両立なんて、本当にその立場になってから考えればいいことなのだと思うんです。先のことをいま考えても一歩踏み出せなくなるだけで、正しい答えなんて、なかなか見つからない気がします。

育児だって実際に体験してみると、子どもと一日中一緒にいることの大変さがよくわかり、「保育園に預かっていただいて、本当にありがたい」と思うことのほうが多かったりしました。だから私は、「子どもを育てながら働き続ける自信がない」という人には、「子どもを預けてから、考えたらいいと思うよ」と言うようにしています。

「今後の夢は？　どうしていきたいですか？」と聞かれることもありますが、私は、未来への強い夢や計画など、あまり持ったことがありません。いつも自分に与えられたことをクリアして、打ち返すだけで手一杯で、先のことまでじっくり考える余裕がないからです。よって何かに大きく期待することもないし、不安にもなりません。「今日はキツかった。飲んで寝よう」で一日が終わりです(笑)。

考えすぎるから、どんどん心配ごとが増えるのであって、あまり考えない人には心配ごとは、そんなには増えません。将来のヴィジョンを持つのもいいのですが、深刻に考えすぎても、状況は常に変化していくので、その時間はもったいないないかな、という気もします。

先のことを考えなかったので、振り返ってみたら、「あら！　こんなに長く続けていた」と、自分でもびっくりです。

my style
03
by
行正り香

愚痴を言うより、どうしたら今よりましになるか考えてみる。

仕事に不満を持った時の対応には、2つあります。解決のために、自分で動くか、動かないか、この2つです。たとえば、幼い子どもがいるのに残業が多い仕事を任されたとします。保育園のお迎えに行きたくてもなかなか早く帰れない。そんな時、同僚に愚痴を言ってストレスを発散しても解決にはつながりません。制度の不備を上司に訴えても、改善にはずいぶんと時間がかかります。そうしているうちに働くことへのモチベーションもどんどん下がってしまいます。

実は愚痴は、聞くほうも大変ですが、言うほうもすっきりするようでいて、ネガティブスパイラルにはまってしまいます。私は、自らそのスパイラルにはまりたくないな、と思うので、なんとか自分で解決する道を見つけようと、努力をし始めます。

例えば仕事でいっぱいいっぱいの時は、もったいないように感じても、お金を出して、ベビーシッターさんに預けてみよう、お掃除をしてくれる方も探してみよう、と思います。誰かに期待してイライラするより、自分で解決方法を工夫するほうが、改善への道が早いし、ストレスが少ない気がしています。

何かがうまくいかなかった時、文句を言い続けても時間を浪費するだけで終わることが多い。だとしたら、自分が中心になって物事を動かすよう、心がけてみると、何かが変化し始めます。

そういえば、りえちゃんの愚痴も聞いたことがないなぁ。迷っている時のお話は聞いても、それは愚痴ではない。友人同士でおいしいワインを飲むための、大切な礼儀かもしれません。

my style
04
by
ともさかりえ

型にははまらない身軽な自分でいたい。

宙ぶらりんでいる。

これは、芝居をするうえで私が何よりも大切にしていることです。経験を重ねれば重ねるほど、自分の「型」みたいなものを無意識につくってしまいがちだけど、いかに身軽でいられるか……これが私の中で持ち続けるべき課題だと思っています。

数年前に出演した舞台の稽古中、演出家さんに「それは、ともさかの得意技だと思うんだよね。それじゃないのを見せてよ」と言われたことを、鮮明に覚えています。あの頃の自分に必要な言葉でした。

10代の頃から、人間否定のような恐ろしいダメ出しもたくさん受けてきたけれど（笑）、どんな言葉にも必ずヒントがある。常に、新しい自分に出会うんだ！という強い覚悟がないと、私たちの仕事は繋がっていかないのです。

仕事は毎回、次へと繋げていくためのオーディション。そう思えると、仕事はグンと面白くなる。テレビドラマ、映画、舞台……それぞれの現場によってルールが違うし共通言語も違います。求めら

れるものが全く違うし、私自身アプローチの仕方も違ってくる。唯一、どの現場であっても同じように大切にしているのは宙ぶらりんであること。

過剰な荷物は持たず、役者さんと向き合った、あの瞬間に湧き上がる気持ちを大事にする。相手の芝居や、監督がかけてくださる言葉が、全く想像をしていなかった未知なる感情の世界へ連れて行ってくれるのです。どんな型にもはまらない、どんなアプローチも受け止めていけるような、身軽な自分でいられたら……もっと新しい景色が見れるかな。

my style
05
by
行正り香

「これなら私は好き！」という感覚を大切にする。

仕事で大切なのは、ポジションです。スポーツと同じ。さまざまな分野を得意とする人たちがいるので、自分ならばどんなポジションが合うか、考えてみます。以前の仕事場に勤務していた頃は、才能のある人が一瞬にして素敵なコピーを思いつくのを目の当たりにしました。何度もそんな瞬間にぶちあたって、「あ、私は、自分がどんなに努力をしてもその分野で彼らには追いつけないんだな。つまりそこに自分のポジションはないんだな」と感じました。私が他の人たちと比べて、「まし」なのは英語です。そこで私は裏方に回

り、英語が必要な業務を積極的に引き受けるようにしました。

そういえば、英語ができるようになったことには、こんな背景もあります。高校時代、勉強嫌いだった私は、父から「高卒で行け。俺は勉強しない娘の大学の費用は払わない」と宣告されました。続いた父の言葉は「半径5km以内で一番になるものを見つけなさい。5kmで見つからなかったら1km、1kmがダメなら5mでいい。とにかく一番になるものを見つけなさい」というものでした。当時、私は英語の発音だけは唯一誉められたので、それが留学につながりました。

接客でも料理でも、これなら人の役に立てる、これなら私は好き！と思えるものを見つけてみると、専門分野やポジションを見つけるきっかけになるような気がします。

without
ove is here and
re gone...
◎ラブストーリー
Love is like a
like a blanket.
◎習いごと.
Do not fear mistakes,
there are none.
by~ Miles Davis~.
◎キースジャレット
The Melody at Night with You.
My Wild Irish Rose
One of my favorite...

my style
06
by
行正り香

いくつかにエネルギーを分散してみる。

いま私は料理の仕事と並行して、キッズ向けコンテンツの制作をしています。２つも違うことをやって、大変ではないですか？　と言われることもありますが、どちらか一方に集中することは、次のチャンスを失うことでもあるのではないかな、と感じることでもあるので、少しだけ無理をしてがんばろうと思っています。

「その仕事がだめになったときのために、次のチャンスをつくっておくことは、大事なんだよ」と多くの方から教えていただきました。特に欧米の友人たちは、常に解雇されることもある、という状況の中で働いています。だから、そうなったときのために、何か別のことを準備している人は多かったように思います。

また、やりたいこと、夢中になれることは成長すれば誰でも変わります。今の仕事に満足していても、この先ずっとそう思うとは限らない。だからAlways keep your doors open（いつでも扉を開いておきなさい）、と言われました。

１つの仕事に集中できることは、すばらしいと思いますが、私は、バスケットボールでいうピボットのように、片方の足を軸にして、もう片方の足をどこへ踏み出すか、常に考えたり試したりするようにしてみたいな、と思っています。

いきなり退路を断って次にいくのではなく、１つの仕事をしながらも、次のチャンスに目を向けておこうと。

実は私、多くの人に「天職」など、ないのだと思っています。１つのことを、ある一定期間続けることによって、その人の天職となる。ただ同時に、自分の気持ちも社会の動きも変わることを前提に、いくつかの道を準備しておく姿勢は、時には必要なのかもしれませんね。

my style
07
by
行正り香

何ができて何ができないか、話し合うことも大切。

仕事を持つ女性が結婚すると、真っ先に持ち上がるトピックが、「家事をどう分担するか」ということです。特に子どもが生まれて育児が加わると、その深刻さが増します。夫婦で協力しあうことも大切ですが、女性が平等にこだわりすぎると、夫婦ってなかなかうまくいかなくなることも多いんだなぁ、という側面にも、やっと気がつきました（笑）。あまりに平等を求めすぎると、そのことでギスギスしていく夫婦も増えてしまうんだなぁ、と。特に子どもが小さいときは、お互い仕事も忙しい時期で、ギリギリの精神状態のなかで生活しています。そんな状況で、パートナーに求め続けても、パートナーもギリギリ状態で、何も生まれないというのが現実であったりします。

あるとき私がブチブチ文句を言っていたら、夫から言われました。「俺のことはもう、まぐろ漁船で働いていると思ってくれ〜！」と。半年に1回くらいしか帰ってこないダンナさんだと思ってくれ、と。いやぁ、うまいことを言うな、と笑ってしまいました。

確かにそんな状況ならば、平等に家事をやってもらえなくても仕方がない。たまに時間を共有するなら、ギスギス過ごすより、ある部分は人に任せて楽しく過ごす、という考え方がいいかな、と思いました。「自分でできることを人に頼むのは、お金がもったいない」という意見もありますが、お金を節約する工夫よりも、そのお金を生み出す工夫をしたいな、と思ってきました。

夫が「まぐろ漁船」話を出したときに、私は、お返しに答えました。「手を貸さないと決めたなら口も出さない。そのルールでいいですか？」

すると夫は「オッケー、大オッケー!!」と了解し、その後、子育てに、一切、口は出さないようになりました（笑）。おかげで家事育児のなすり合いのようなことは少なく、最近は、よく協力もしてくれるようになりました。

できること、できないことを互いに正直に語り合って、できる人ができる部分を、できない人は他に協力方法を探すことも大切かな、という気がしています。人間関係を守るには、正しいことを言い合うより、互いに言葉をのみ込むことも大切かなあ。

「新しいことを始めようとする時、いつも大丈夫だよ、と言ってくれたよね」（りえ）

り香　振り返るとこの10年、仕事ではりえちゃんの存在にずいぶんと励まされたなあ。りえちゃんの舞台を観に行くと、本当に感動するの。どこにそんな力があったんだろう、どこまで進化し続けるんだろうって。

りえ　それは私も同じ。り香ちゃんが独立して、新しいことにチャレンジしている様子を間近で見てきて、すごく応援しているし、私自身もいっぱいエネルギーをもらったよ。

り香　ふたりともなんだか成長のスピードが似ているから、おもしろい。

りえ　私にもいろいろあったけど、「次はこんなことやるんだ」と伝えると、り香ちゃんはいつも「大丈夫だよー。りえちゃんならきっとできる」って。

り香　根拠もなく（笑）。お互い何を聞いても「ふーん」「へぇー」。最後は「大丈夫！」。内心、大変だろうなあと思っても、声には出さないのよね。不思議ね。

りえ　でもそうやって互いに背中を押し合えたことがよかった気がする。男の人はすぐ白黒つけようとするじゃない（笑）。でも女性は聞いてほしいだけの時が多い。そういうところをすごく察してくれるよね。

り香　うん。一応、女だから（笑）。りえちゃんが思い切って声を出した時は、覚悟があるってこと。だから「それはよかった！」「最高だね」で十分かなぁと。りえちゃんは、いつも一生懸命だから、否定も批判も必要ないと思うのよ。

りえ　私たち、基本的に欲張りだよね。人生には、もっと面白い景色があるんじゃないか、ならば見に行ってみたいと、いつも思ってる。

り香　私たちの仕事には、正解がないでしょう。だからこそ、感性の近い人がそばにいて、相談したり、見守ったりし合っていけるというのは、本当に幸せなことね。私の人生に、りえちゃんがいて、よかったなぁ。ありがとね、りえちゃん。

「私たちの仕事には正解がないから、感性の近い人がそばにいてくれるのは幸せ」（り香）

Chapter 2

Kids

子育てのこと

人の手を借りたり、時には楽をしたり。正解も終わりもない子育ては、頑張りすぎないのが一番です。自分たちなりのやり方、考え方。お互いに影響し合ってきたこと。こんな子育てのスタイルもあってもよいかな、と。

my style

08

by

行正り香

信頼できる「人」探し。
これは自分にしか、できないこと。

子どもが生まれてすぐ（というより、本当は子どもがお腹にいるときから）、子どもがお世話になることができるベビーシッターさんやホストファミリーを、一生懸命探していました。大学時代、私もアメリカでベビーシッターをやっていたことがあるので、働くお母さんにとっては、信頼できるベビーシッターさんや、預けることのできるファミリーを探すことが、その人の仕事の生命線になる、という体験をしたからです。

大切なのは、信頼できる「人」探しです。

ここは人頼みにすると、実はなかなか出会うことはできないので、自分で頑張ってみました。そして「この人にお願いしたい」と感じたとき、まずはおうちを訪問させていただきました（笑）。

そうしたら、お母さんが漬けたというらっきょうと、淹れてくれたお茶がおいしかったんです。棚には家族写真がたくさん飾ってあって、おうちは綺麗に整理整頓されていました。ああ、この家族なら、すばらしい経験をさせてもらえる、と、すぐに感じました。

もともと赤ちゃんなど預かったことがなかったファミリーでしたが（なのでベビーシッターさんをしてください、と私がお願いをしました）、お世話になることが決まったら、子どもたちには母親かおばあちゃんのように接してほしいと伝え、「悪いことをしたら厳しく叱ってくださ い」ともお願いをしました。本当の実家のように、接してきたので、本当の実家だと思っている人も、たくさんいました。

シッターさんに頼むのは抵抗がいる。他人に子どもを預けるのは勇気がいる、という方もいらっしゃいますが、自分の力を伸ばすには、人のお力を借りるしかありません。数年間仕事から離れ、また同じポジションに戻ってこられるという保証は、女性にもないことだけど、男性にも、ありえないことです。

よい人を自分の力で探す。探したら、その方にお任せする。そして互いがハッピーになるように、工夫をし続けることが大切かな、と思います。

かいじゅうたちのいるところ

my style
09
by
ともさかりえ

子どもにとって大切なのは規則正しい生活。大人も自然と健康的に。

生活サイクルを安定させる。これは私が子育てしている中で何よりも大事だと思っていることです。子どもを見ていると、10時間寝た日と7時間寝た日とでは翌日の調子が全く違う。睡眠不足だと、朝からぐずぐず文句を言ったり、イライラして言葉遣いも荒くなったり……。生活リズムの乱れは精神状態の乱れにも直結しているんですね。

毎朝、めざまし時計をかけなくても5〜6時に起きる息子は、夜も21時までにはベッドに入ります。逆算してみると、帰宅してから寝るまでって本当にあっという間。常にやるべきことを、先回りしてイメージしておかないと、時間はどんどん過ぎていきます。勉強と明日の用意をしてお風呂に入ったら、21時までは息子の自由時間。好きなゲームをやっても良し、テレビを観ても良し、本を読んでも良し。彼はその自由時間を「ゴールデンタイム」と命名し(笑)、そのために頑張って宿題をこなしています。

ちなみに私は仕事からの帰り道「帰ったら、まずご飯を炊き始めて、豚肉を解凍して、お味噌汁を作って、きゅうりと塩昆布のサラダを作って、生姜焼きを作ろう！」と、具体的な作業の流れをイメージしています。やるべきことを何も考えず帰宅するよりも効率良く動けますよ。

週末は夜更かしすることもあるし、外食をしていつもより帰りが遅くなることもある。そんな日があってもオーケー。だけど、基本にあるのは規則正しい生活。日々の生活パターンを見直してみると、健康への近道が見えてくると思います。

my style

10

by 行正り香

完璧かあさんは目指さない。ゆるゆる楽しいお気楽かあさんに、なりたい。

私と妹は、ミルクで育ちました。特にトラブルもなく成長し、母との関係が、ミルクだから悪くなったとか、そんなことは一つもありません。だから私は、自分が子どもを育てる時も、絶対に母乳で、とは思っていませんでした。母乳のよさはあると思いますが、ミルクならば、母親以外の人がケアできるというメリットもあります。ちなみに、逆子だったので2回とも帝王切開でした。でも、「自然分娩でなかったから、お母さんとして失格だわ」などと思ったことは一度もありません。流産も経験しましたが、「これは自分の責任だ」とも思いませんでした。お互い一生懸命に頑張ったんだから、仕方がないではないか、と。

子育てをしていると、知らず知らずのうちに、「絶対にこうしなくては」、と思い込んでしまうことがあります。それは「こうすべき」と女の人が女の人に価値観を押し付ける場合が、多いからかもしれません。女性同士助け合うはずが、足の引っ張り合いになっているかも、と感じたりします。だから私は、ミルク、母乳、自然分娩、どちらでもいいじゃない、また、子どもが生まれる、生まれない、さまざまな生き方があって、よいのではないかな、と思っています。

離乳食は手作りで、と頑張るお母さんも多いようですが、忙しい合間に30分かけて作ったものを子どもが全然食べないと、イライラしてしまいます。私は、積極的に市販の瓶詰め離乳食を愛用していました。だから、「離乳食の本を出してください」とお願いされた時は「嘘つきになるので、できません」と丁重にお断りいたしました（笑）。市販の離乳食も、美味しいですよー。手作りでないからと言って愛情をかけていないわけではないんです。子どもの味覚が悪くなるわけでもありません。完璧なお母さんを目指すのは大変。ゆるゆる楽しい母さんを続けていきましょう。

my style
11
by
ともさかりえ

ときには仕事をセーブして、子どもの成長を見守ることも必要。

産後3か月で、仕事復帰。家族や身近な人のサポートもあり母親になってからも、それまでと大きく変わらないペースで仕事を続けてきた私ですが、仕事をセーブしていた時期があります。それは息子が小学生になって最初の1～2年。よく「1年生の壁」なんて言われているけれど、まさにそれ。小学生としての新しい生活は、春まで幼稚園生だった息子にとって大きな変化。宿題をしたり、明日の時間割を揃えたり……という当たり前のことが、彼にとっては初体験。息子は新しい環境に対して臆病になるタイプなんです。

6年間の小学校生活を楽しいものにするためにも、最初が肝心。ここは、きっちり見守ろう！と決め、事務所に相談して、長期間のロケや宿泊での仕事はお休みさせてもらいました。「大丈夫、大丈夫！　自信を持って！」と言ってあげられる距離にいることが、あのときには必要だと思ったからです。手は離しても、目は離してないよ～っていう、距離感にいてあげたいなと。実際、幼稚園時代には起こらなかったような友達同士のトラブルなども経験もしたり、息子も私も多くを学ばせてもらった時間でした。

ただ自分のキャリアを考えると、立ち止まることは恐怖だったな。仕事は待ってくれないし、手放さなければならないものも多くあったように思います。でも母親には覚悟を決めなければならない瞬間が、子どもの成長の節目節目で訪れるんですよね。高学年になった今、学校が楽しくて仕方ない！と笑う息子を見て、あのときの選択は間違っていなかったと実感しています。

my style 12

by 行正り香

子どもによって、勉強よりも大切なこと、それは家事と挨拶。そして自信と経験。

ついつい親は子どもに、期待しすぎてしまうようです。自分たちの姿をよ~く観察すれば、何が期待できて、何ができないかくらいは想像できるのに(笑)。期待するあまりに要求が厳しくなってガミガミ言ってしまうことが多いかな、という気がします。

私は子どもに無理なことを言いそうになったら、自分の子どもの頃のことを思い出すようにしています。いやぁ、ひどい子どもでありました。引き出しはゴミだらけでした(今も)。勉強も好きではありませんでした。ちなみに教科書もずーっと学校に置きっ放しで、宿題もしないでよく怒られ、忘れ物をしては廊下に立たされていました。部活ではベンチウォーマー。ピアノも挫折。高校になると、もう学年で下から3番目くらいの成績でございました。それを思えば、わが子ども、ずっとまし。けっこう頑張っているような気がします。

私は、子育ての最終目標は、子どもが「自分の力で自活できるように育てること」だと思っています。勉強のことはうるさく言いませんが、家事と挨拶だけはしっかり指導しています。生きるために、勉強よりも食事の後片付けや掃除ができるほうが、役に立つと思うからです。そして「ありがとう」「ごめんなさい」「いただきます」「ごちそうさま」、この4つの言葉は、人生の土台だと思っています。これが言えれば、人から好かれる。人と人とつながっていけると思うからです。これができるようになったら、私の教育は、半分終了。あとの半分は「自信」そして「経験」だと思っています。これはきっと、30歳くらいまでいろいろ手間がかかるかな! それまでおつきあいできたらいいな。

my style 13
by
ともさかりえ

子どもの成長とともに距離の取り方を変えていく。

女親にとっての「息子」は、特別な存在です。男子特有の不器用さ、外では生意気を言っても家では甘えん坊なところ、手がかかる面ほど母親から見ると可愛い。子育ての大変さは、この「可愛い！」という感情で何割か軽減されているような気がします。

幼稚園くらいまでは、この「可愛い！」で成立するような親子関係も、子どもの成長につれバランスが悪くなってきます。息子が3〜4年生の頃、「ママ、僕のことあんまり見ないでね」とお願いされたことがあって衝撃を受けたのですが、やはり子どもは自立をするんですよね。いつまでたっても私の可愛い赤ちゃん♡ではない。あと数年もたてば、身体も完全に大人と同じように完成され、反抗期を経てメンタル面も強化されて社会へ羽ばたいていく。

ひとりっ子は、親からの注目を一身に受けて育ちます。それは時に窮屈なこと

もあるでしょう。「見ないで宣告」をされて以来、息子と一定の距離を置くようにしています。24時間いつでも一緒だから子どもが幸せとは限らない。彼らだって、ひとりの人間。意思があり、自分のペースがある。自分の中だけで楽しみたい秘密の時間もあるかもしれない。母親は子どもを自分のカテゴリーに置いて物事を考えてしまいがちだけど、そうあってはならないと明確に自覚すべきなんだな……と反省しました。

高学年になった息子は、初めて学級委員になったようです。彼は人前に出ることが苦手と決めつけていたけど、母親である私の知らない顔がある。自分ひとりで考えたり、失敗したり、もう一度トライしてみたりするようになっていたんですね。

近付きすぎると見えない表情がある。子どもの成長と共に、その時々のベストな距離感を見つけられたらいいな。

my style
14
by
行正り香

不得意なことは諦めていい。得意なことを伸ばしてほしい。

子どもには、自信を持ってほしい。だから、子どもたちが好きなことを積極的にサポートしたいと思っています。長女は、アートが好きで、私には描けない絵を描きます。反面、のんびりやさんで遅刻もよくします。だけど「アーティストだから諦めてあげよう」って。以前も、塾を「やめる」と言いだして私とケンカになりました。お金を振り込んだ次の日にそう言い始めるから。すると妹が「お姉ちゃんの塾の扉を閉めて、アートの扉を開けてあげて」と言うんです。とは言ってもこのままただ塾をやめてしまっては、塾から逃げたような「負け」の気持ちを味わって、自信を失う。だから「塾からアート教室に転校しようよ」と、伝えました。

次女は、本を読んだり文章を書くのが私よりずっと上手。ならば、算数はいいから、そちらを伸ばしてほしい。不得意なものを得意にするには、相当なエネルギーがいるけれど、得意なものを伸ばすには、そんなにエネルギーはいらない。いいことに注目して、具体的にどのように伸ばしたらいいか、工夫をしてあげたいです。きっとそれが仕事につながるから。

my style
15
by
行正り香

旅は無理をしてもする。人を成長させてくれるから。

子どもたちは、6か月になったころから旅に連れて行っています。韓国、タイ、アメリカ、ドイツ、フランス、イタリアなど、海外にも連れて行きます。家族全員がひとつの部屋で寝るような素朴な旅で、子どもたちは自分のリュックに自分のものを詰め、自分で運んでくれます。私自身が、旅で学んだことがたくさんあるので、子どもたちにもなるべくたくさんの経験を積んでほしいなと思っているから、無理をしてでも連れて行きます。

旅は、とにかくハプニングがつきもの。飛行機がストになったり、とつぜん大雨に見舞われたり、何かをなくしたり。そういう経験をすると、子どもだけでなく私自身もがっくりして、そしてその後、なぜだか視野が広がっていくのを感じます。

わが家は18歳で自立することになっています。だから年に1回旅ができたとしても、全部で18回。親との旅を渋る時期も来るかもしれませんが、姉妹で「行けるのは18歳までなんだから、今のうちに行っておこうよ」と話しているのを聞いて、なんとなく嬉しくなりました。

my style
16
by
ともさかりえ

お弁当作り、大変だけど、大事なのはとにかく続けること。

息子が通う小学校はお弁当マスト。幼稚園前のプレスクール時代から作っているので、気づけば10年近くお弁当を作り続けています。幼稚園時代はアルミ製の弁当箱で、シリコンカップやピックなど使ってはいけないというルールの中、出来るだけ食べやすく、味もうつらないように……と考えて作っていました。小学生になってからは自由で、現在は保温性のあるジャータイプの弁当箱。あったかいご飯がいい！と言う息子のリクエストで、基本的には、炊きたてご飯・おかず・デザートの3段弁当です。豚汁やカレーも喜びますね。冬場は温かい汁物を入れてあげることが多いかな。夏は素麺。麺つゆは凍らせておくと、お昼には程よく解凍されています。

小食なので、幼稚園時代からお弁当のサイズ感的には、そんなに変わっていません。あれこれちまちまと、おかずを作って詰めていた時代もありましたが「早く食べて遊びたいから、おかずは少なくしてほしい」と言われて以来、頑張ることはやめました（笑）。男子は白飯とおかず1品で満足みたいです。栄養バランスなんて考えていたらキリがない。朝晩、

家でのご飯で補えればオッケーと私は気楽に考えています。
前日の夕飯を取り分けておくことも多いので、朝起きてお弁当にかける時間は10分もありません。たまに、自分だけ外で美味しいランチをいただいている時などは、ふと息子に罪悪感を覚えることもあるけど（笑）、とにかく作り続けることが大事なんじゃないかな。
深夜まで撮影が続いて明け方に帰宅をしても、お弁当だけは作って学校へ送り出す。玄関でお弁当バッグを渡して「気をつけて行ってらっしゃい！　今日も楽しんでね！」と見送ることが、私と息子を繋げる大事な朝の時間。もちろん、風邪をひいてダウンしたり、寝坊してお弁当を作れなかった日もあります。お金を持たせて、パンを買ってもらう日もある。母さん業に休みはないんだから、落ち込んでる暇はない。潔く諦める！　そんな日があってもいいんじゃないでしょうか。

「子育てについて気負っていた部分を、ずいぶん和らげてもらった気がする」（りえ）

りえ　改めて考えると、すぐに打ち解けられたのは、子どもたちの年齢が近かったことも大きいかもしれないね。

り香　些細なことだけど、「オムツ、捨ててもいい？」から始まって（笑）。「具合が悪そうだから、もう帰るね」とか、「子どもが熱出したからキャンセルさせて」とか。母親が直面する、いろんなトラブルを共有しながら、時間を生み出してきた感じがするね。

りえ　子どもたちも、オムツしていた頃からの付き合いだからかな、いまも仲良し。子どもたちには子どもたち独自の世界ができてるよね。お布団で基地をつくったりして。

り香　あはは。遊び方がクリエイティブなのよね。

りえ　想像力だけであんなに遊べるんだなぁ、と。

り香　離乳食の時は、私が市販のベビーフードを使っていたらりえちゃんが目をクルクルさせて「り香ちゃんも使うんだ！　これでいいんだ！」って（笑）。

りえ　その頃は、一から十まで全部自分でやらないといけないという強迫観念があったから。り香ちゃんを見て、すごくほっとしたの。だってこんなにママが元気で、子どもたちも健やかで。同じようにしたらいいんだ、って思えて。

り香　最近は子どもも大きくなってきたから、お互いを大切にしようという話になってきましたね。老後の話とか（笑）。

りえ　子どもって、すごく愛しい存在だけど、子どもには子どもの人生があるし、いずれは巣立っていくものだからね。

り香　いつか海外や温泉にも行きたいねって言ってきたけど、実現しそうになってきたわねぇ。

りえ　私たち味の好みもよく似ているから、きっと楽しいだろうね。

り香　おばあさんになっても、私たちきっとこんなふうにおしゃべりしている気がするね。話した瞬間から忘れてしまうかもしれないけど、それも楽しい。

「子どもたちも大きくなってきたから、これからはふたりの旅行も実現しそうね」（り香）

Chapter 3

Dishes

思い出料理

まだ子どもたちが赤ん坊の頃から、家に集まって一緒に料理を作った。おしゃべりしながら、あうんの呼吸の共同作業。その楽しい時間の中から生まれた、手早く美味しく、そしてワインにも合うメニューの数々。

おうちごはんって、いいね。気を遣わなくて、いいんだもの。まずは乾杯。

仕事も年齢も環境も違うのに、こんなに親しくなれたのは、一緒に料理したかけがえのない時間があるからだと思う。子どもたちが騒いでおしゃべりもできなくても、美味しいものを食べてお互いの存在を感じれば、それで十分満足だった。これからも続くといいな、こういう関係。

my style

17

by

行正り香

集まれたなら、それでいい。何を食べるかよりも、共に過ごす時間が大切。

家に人を呼ぶ時は、いつも簡単にできる前菜を用意しています。料理もテーブルセッティングも完璧であろうとすると、そうそう人を呼んだりできなくなるからです。子どもと一緒の集まりは、いかに手間をかけないで楽しむかがポイントで、とくにパパッと作れる前菜が必須なのです。少しでもお腹を満たせば、子どもたちも静かになりますから（笑）。

りえちゃんが来た時も、キッチンの台にスーパーの買い物袋を置いて、お料理スタートです（基本、食材以外何も準備していない）。シャンパングラスを片手にいっしょに料理をしながら、「このゴミはどうしたらいい？」「そこに捨ててくれる？」とやり取りしながら1品目が完成すると、待ちかねた子どもたちがわーっとキッチンに飛び込んでくるという感じです。みんなで奪い合うようにして食べています。

子どもが小さい頃は、座ってゆっくり話をした記憶がありませんが、それでも十分楽しかったのです。たとえ話をしなくても、共に過ごせる時間。次のページでご紹介する「やさいとえびのディップ」は、えびと野菜を交互に食べてね、と言っておくと、野菜が苦手な子も頑張って食べてくれますよ～！

Vegetables and Shrimp with Avocado Dip

recipe

1

やさいとえびのディップ

材料（4人分）

むきえび…200g
かぶ…4個
　皮をむいて縦に6等分に切る
かぶの葉適宜
細いきゅうり…6本
細いにんじん…6本
ラディッシュ…4個

■ディップ
マヨネーズ…大さじ2
アボカド…1個
レモン汁…1/2個分
粗塩…小さじ1/2
コリアンダーパウダー
…小さじ1/4
クミンパウダー…小さじ1/4

作り方

1 むきえびは塩大さじ1（分量外）をふって、全体をよくもむ。塩を流してから沸騰したお湯で30秒ほどゆでる（ゆですぎるとえびが固くなるので注意）。

2 野菜は、それぞれ食べやすい大きさに切る。

3 ディップを作る。アボカドは皮をむいて種をとり、ボウルに入れて、フォークで潰す。他の材料すべてを入れて、混ぜる。

4 器に野菜とむきえびを盛り付け、真ん中にディップを添えていただく。

my style
18
by
行正り香

1つでもステップを減らすことができたら、料理は、格段にラク。

大人も子どもも、野菜はたっぷり食べたいものですね。1日に食べたい野菜の目安量は、なんと350g。ゆでたものならばげんこつ3つ分だと言われています。毎食、もりもり食べないと追いつきません(笑)。というわけで私は、にんじんやかぶ、ブロッコリーなどを圧力鍋や厚手の鍋で蒸して、スープにしたり温野菜サラダにしたりしています。

ここでひとつ、サラダを作る時のお助け調味料を紹介します。それは、すし酢。酢に砂糖と塩を加えたもので、これさえあれば、ドレッシングが簡単にできて、不思議と味も決まるんです。大人用にはラー油を加えて、子ども用にはごま油を加えて、というように、アレンジも自由自在。市販のドレッシングを何本も揃えなくてすみます。

料理は、1つでもステップを減らすことができたら、格段にラクになります。すし酢も、砂糖と塩を加える手間が省けますから、多忙な主婦には本当におすすめです。いろんなドレッシングを、ぜひ試してみてくださいね。

recipe
2

千切りサラダ

材料（2人分）

きゅうり…１本
大根…６cm長さ
にんじん…2/3本

■ドレッシング
すし酢…大さじ１
しょうがのすりおろし…大さじ２
ポン酢…大さじ１
ごま油…大さじ１
粗塩…小さじ1/4

作り方

1　大根、にんじんは皮をむき、千切りにする。（大根は縦に薄く切ってから、にんじん、きゅうりは斜めに薄切りにしてから）
2　ドレッシングの材料はボウルに入れて混ぜておく。すべてをざっくり混ぜたら出来上がり。

recipe
3

シンプルサラダ

材料（2人分）

サニーレタス…2枚
温泉卵または半熟ゆで卵
…1個
ツナ缶…70g程度
オリーブ…6つ程度

■ドレッシング
すし酢…大さじ1
オリーブオイル
…大さじ1
レモンの皮のすりおろし
…小さじ1/4程度
粗塩…小さじ1/4

作り方

1 サニーレタスは洗って、よく水を切っておく。
2 卵はゆでて半熟卵、または固ゆでにしておく。
3 ドレッシングの材料は混ぜておく。
4 器にちぎったサニーレタスを並べ、ツナ缶、卵、半分に切ったオリーブをのせて、ドレッシングをかけたら出来上がり。

my style
19
by
ともさかりえ

り香ちゃんの本で知った、大好きなパエリヤ。わが家でも大活躍のレシピです。

子どもがもっと小さかった頃は、〝冷凍庫命〟というくらい、冷凍庫を活用していました。卵焼きをカットして冷凍しておいたものを、お弁当箱に詰め込むと、夏は保冷剤代わりにもなるし、り香ちゃんの本にあったフライパンでできるパエリヤは、小分けにしてラップにくるんで冷凍しておくと、何かと便利でした。

仕事で遅くなった日も、「あれが冷凍庫にある」と思い出すと、かなり気がラクになります。何より小さい子どもは、お腹がすくと待ってくれないんですよね。台所に立つ時間すら、もらえない。

生活って小さなことの積み重ねが大切で、ご飯を冷凍しておくだけで、すごく助かる。みじん切りしたにんにくのオリーブオイル漬けもり香ちゃんの本で知って、時間のある時に作っていました。料理を始める時に、それがあると、ひと手間減るんです。そのひと手間がものすごく貴重。子どもと暮らすなかで、事態を予測して準備しておくことを覚えました。

本を見てずっと作っていましたが、り香ちゃんと知り合って実際に作ってもらったら、やはりひと味違う（笑）。そのたびにコツを聞いたりして、うちのパエリヤも進化したと思います。

Boos

Paella

recipe
4

パエリヤ

材料（3〜4人分）

鶏のもも肉…1枚　6等分に切って、塩をふっておく
粗塩…小さじ1（肉用）
オリーブオイル…大さじ4
にんにく…2かけ　薄切り
たまねぎ（中）…2/3個　薄切り
アスパラガス…6本
パプリカ…1個分　種をとって6mm幅に切る
チキンキューブ…1個
ナンプラー…大さじ1/2
ビールまたは白ワイン…1カップ
お米…2カップ（洗わない）
水…2カップ
あればサフラン　またはお菓子用の黄色い着色料（なくてもよい）
アサリ…1パック

作り方

1 フライパンを中火で熱し、オリーブオイルをひき、まず、鶏肉とアスパラガスをキツネ色になるまで焼き付ける。
2 次に同じ鍋にたまねぎ、パプリカを入れて炒める。少々色がついてきたらにんにくとお米を入れて、透き通ってくるまで3分ほどいためる。
3 あとは、全ての材料を炊飯器に入れて、普通に炊飯器で炊く。
フライパンのまま炊く場合は、蓋をして沸騰してくるまで強火。沸騰したら火をごくごく弱火にして、15分炊く。

お好みでこしょうをひいたり、赤とうがらしをかけていただく。

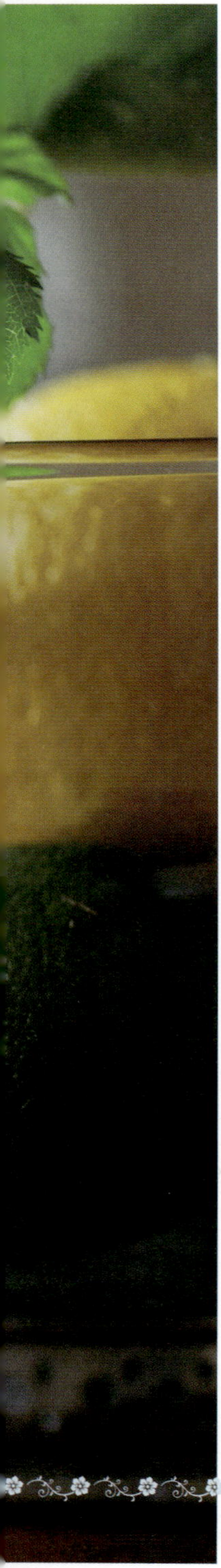

my style

20

by

行正り香

料理をワンランク上げるには、スパイスの活用を。

わが家の冷凍庫には、いつも必ずスペアリブが入っています。忙しくて買い物に行けない時に重宝するからです。流水で解凍して、オーブンで焼いたり、煮込み料理にしたりと、手間いらずで、インパクトのある一品が仕上がります。味付けに使うのは、ハーブや香辛料。最近よく使うのは、コリアンダー、クミン、ガラムマサラ、カルダモンなどのインド系スパイスです。なかでもカルダモンは、料理を1ランクアップしてくれる存在で、スペアリブだけでなく、チキンカレーに加えても味がぐっと本格的になります。パウダーでも売っていますが、ホール（粒）のものをすり鉢でゴリゴリ潰して使うとより効果があります。あとは、日本の香辛料、山椒もいいですね。これもホールを使うとより鮮明です。

料理上達の第一歩は、塩の使い方を覚えること。それが味の基本になります。その次が酢。そして最後がスパイス。どのスパイスが、どの素材、どんな料理に合うのか。上手に使いこなせば、味にかなりの差が出ること間違いなし！

Spicy Spareribs

recipe
5

スペアリブのスパイス煮

材料（4人分）

スペアリブ…800g
白ワイン…１カップ
にんにく…１かけ
たまねぎ…１個
ケチャップ…1/2カップ
中濃ソース…1/2カップ
バター…20g

■スパイス（お好みのもの）
ガラムマサラ…小さじ１
コリアンダー…小さじ１
クミン…小さじ１
チリパウダー…小さじ1/2

仕上げのこしょう…適宜
レモンの皮のすりおろし…１個分
あればバジル…少々

作り方

1 にんにくは薄切りにして、たまねぎは皮をむいてくし切りにする。すべての材料を圧力鍋に入れて強火にかけ、沸騰したら圧をかけて弱火にし25分ほど煮る。普通の鍋なら水を２カップ足し、コトコト３時間ほど煮る。

2 お好みでこしょう、レモンの皮のすりおろし、バジルを散らして出来上がり。

my style
21
by
行正り香

旅で出会った味を帰ってきてから再現。そうしてまた、旅に出る。

旅先で、土地のおいしい料理と出会うと、すぐに作ってみたくなります。その味を自分のものにしようと思ったら、まずは記憶があるうちに再現することが大切だからです。うろ覚えの状態になってしまっては、目指すものがはっきりしないので近い味が出せないのです。

鶏肉のマルサラ酒煮も旅先で出会った味のひとつ。もとは、パリのシテ島にあるレストランで出されていた仔牛のマルサラ酒煮です。マルサラ酒は、シチリア島の強化ワインで、甘みがあるから煮込み料理に合うんです。日本では仔牛が簡単には手に入らないから、私は鶏肉を使っています。もうかれこれ20年以上作り続けているわが家の定番料理で、りえちゃんも子どもたちも喜んで食べてくれました。ブルゴーニュ系の赤ワインを飲みながら「パリに行きたいね」「いつがいいかな……」って。女友達と夢を語りながら食べると、料理がさらに美味しくなります。鶏肉をカジキマグロにしてもいいし、マルサラ酒でなくリキュールのアマレットを使っても美味しく作れますよ。

Le Cateau
Cambrésis
St-Quentin
Hirson
Vervins
Charleville-
Mézières
Sedan
Rethel
Rocroi
Bouillon
Arlon
Stenay
Longuyon
Longwy
453
309
215

Chicken Marsala

recipe
6

鶏肉のリキュール煮

材料（４人分）

鶏のもも肉…２枚分
粗塩…小さじ１.５
オリーブオイル…大さじ１
にんにく…１かけ
マルサラ酒やアマレットのような甘めのお酒…1/4カップ
生クリーム…1/2カップ
バター…10g分
こしょう
ゆでたいんげん、またはアスパラガス…適宜

作り方

1 もも肉には塩をしておく。にんにくは薄切りにしておく。
2 フライパンまたは鍋にオリーブオイルを入れ、もも肉を皮からよく焼く。中火でキツネ色になるまで。７〜８分ほど、焦げないように気をつけながら、しっかり焼き色をつける。出てきた油はペーパータオルで拭く。
3 ひっくり返したら、にんにくを入れてさっと炒め、お酒を入れて蓋をして、中火で５分ほど煮る。水分が飛んできたら、生クリーム、こしょう、バターを加えて30秒ほど温めて出来上がり。

my style
22
by
ともさかりえ

ローストチキンで祝うクリスマスは格別。サンタ役ももうひと頑張り。

クリスマスは父の誕生日。子どもの頃から、この時期は父が主役だったので、食卓に並ぶメニューも父の好み。チキンが苦手な父のために、ローストビーフがメインでした。もちろんローストビーフも大好きだけど、憧れは、丸鶏を使ったローストチキン。

り香ちゃんとはいろんな記念日を共に過ごしてきたけれど、クリスマスの夜にローストチキンが登場したときは感動しました。憧れのローストチキン！　これぞクリスマス！

自分が親になると、クリスマスの楽しみ方がまるで変わりますね。うちの息子は、まだサンタさんを信じているので、やたらと詳しい道案内付きの手紙をサンタさん宛に書いたり、枕元に置いた靴下の横に「サンタさんは、みんなにプレゼントを配っていて疲れてるから」と本気で話し、クッキーと飲み物を用意したりしています（笑）。可愛くて吹き出しそうになるのを我慢しつつ、こんな幸せな気持ちにさせてくれる息子に感謝だなぁと、私はせっせと裏工作。子どもにバレないよう深夜にプレゼントを靴下に入れたり、息子が用意したクッキーを全部キレイに食べるのではなく、サンタが来たであろう感を適度に残しつつ食べたり……と、頑張っています。

だけど、こんな形のクリスマスも、そろそろタイムリミットかな。数年後には、家族よりもお友達やガールフレンドとクリスマスを過ごしたいかもしれない。それが自然なことだと思っているけれど、少し寂しく感じるのも事実です。成長と共に、いつか忘れてしまうであろうクリスマスの光景。息子の記憶のなかに、優しく温かいものとして残っているといいな。

Roast Chicken

recipe
7

ローストチキン

材料（3〜4人分）

丸鶏…1.2キロくらいのもの
にんにく…すりおろし1かけ分
粗塩…大さじ1
オリーブオイル…大さじ1
クレソン

作り方

1 鶏肉に塩をする。にんにくのすりおろしをのせ、オリーブオイルをまわりにコーティングする。オーブンは200度に熱しておく。
2 鶏肉をひっくり返した状態（胸が上）で30分、表にしてさらに20〜30分焼いたら出来上がり。
3 皿に盛ってクレソンを全体に散らす。

my style

23

by

行正り香

定番トマトソースをひと味変える秘密も、旅先で知りました。

トマトソースのパスタは嫌いな人がいないというう、とてもありがたい存在です。うちでは、長女がトマトソースのパスタが大好き。ベランダにバジルの葉を育てているからジェノベーゼにしたいと思っても、とにかくトマトソースのパスタは必ず作らなくてはダメ。ちょっと面倒くさい人です（笑）。だけど、せっせと作り続けているうちに、生まれたメニューが次のページのパスタ。モッツァレラをのせるのですが、もし手に入るならブラータという生クリームを加えたモッツァレラがおすすめです。少し値は張りますが、とてもやわらかく、ゆでたてのパスタにのせるととろっとろにとけて美味しいんです！

実はシチリアで食べた時、トマトソースがとても美味しかったので、コツを聞いてみたら、コラトゥーラという魚醤を入れているのだと言います。味見をさせてもらうと、日本でいう「しょっつる」で、醤油というよりはナンプラーみたい。私も帰ってきて、すぐに真似をしてみました。するとコクが出て、本当に美味しいんです。定番のトマトソースは、こうして少しアレンジを加えてみるのもおもしろいですね。

Tomato Pasta with Mozzarella

recipe

8

トマトとモッツァレラのパスタ

材料（４人分）

トマト缶…１缶
オリーブオイル…大さじ３
にんにく…２かけ　薄切り
粗塩小さじ…1/2
ナンプラー…小さじ1/2
刻み唐辛子…お好みで少々
モッツァレラチーズ…１個
バジルみじん切り…少々
パスタ…300g程度
（太めも美味しい）

作り方

1 パスタのお湯を用意する。最低２リットルの水に粗塩大さじ２（分量外）を入れて沸騰させる。モッツァレラチーズは手でさいておく。バジルの葉はみじん切りにしておく。

2 沸騰したお湯でパスタをゆで始める。１分短めでタイマーをセットするのがコツ。９分と表示されていたら８分にタイマーをセットして、ゆですぎを防ぐ。

3 フライパンにオリーブオイル、にんにく、唐辛子を入れて中火で10炒めたらトマト塩、ナンプラーを入れる。蓋をせずに炒めて水分を飛ばす。

4 パスタの水をよく切ってフライパンに入れ、モッツァレラチーズと和え、仕上げにバジルを散らす。

my style
24
by
ともさかりえ

大好きな肉料理、塩加減の好みも同じ。味覚が合うって最高です。

り香ちゃんも私もお肉が大好き。完全に肉食系です。レストランでお肉かお魚を選べるときも必ずお肉。一緒に料理をするときも、スペアリブをマリネして焼いたり、シンプルにステーキ、鴨のソテーの作り方を教えてもらったこともありました。り香ちゃんの料理は単純明快。レシピ通りに作れば必ず美味しく仕上がります。いつも私たちは、たくさん食べて、たくさん飲んで、たくさん笑います。たまに泣いたりもするな～。面白かったのは、レストランでステーキを食べていたとき。塩気が足りないなと思って「お塩をください」とお願いしたら、り香ちゃんが間髪入れずに「わたしもっ！」って（笑）。ここまで気が合うか！とふたりで大笑いしました。

お互いに子連れで会うことが多いけれど、日暮れ前から約束して、映画を観たりレストランで食事をすることもあります。私たちのご褒美タイム。映画を観ていてホロリとくるような場面もほとんど一緒なので、同じようなタイミングで鼻をかんだり、客観的にかなり笑える光景だと思います（笑）。そして「あの台詞が最高だったね～」「あのインテリアみたいな部屋にしたいな～」っておしゃべりしながら、美味しいご飯を食べて、美味しいワインを飲むのです。年々お酒が弱くなってきたけど、り香ちゃんと一緒なら、いつまでも美味しく飲めるんですよね。

べたべたと甘え合うような関係ではありません。お互いに、向き合うべき仕事があり、大切にしたい家庭がある。それはとっても有難いこと。たまに会って、互いが頑張っていることを感じあう。お付き合いもとてもいい塩梅なんです。

Beaf Steak

recipe
9

ビーフステーキ

材料（2人分）

牛ステーキ肉
…できれば厚さ2cm、300g程度のもの

バター…20g
粗塩…小さじ3/4
こしょう（ひいたものがベスト）…少々
ローズマリー…適宜

作り方

1 肉は1時間前には常温に戻しておく。焼いたときに冷たいとうまく焼けないため。

2 塩を全体にふる。こしょうもしておく。

3 フライパンを煙が出るほど強火で熱し、ここにバターを入れる。バターが焦げてくるが気にしない。

4 お肉を入れ、まずは1分、強火で焼く。

5 次に裏返して1分ほど強火で焼く。

6 さらに裏返して30秒、もう一度裏返して30秒ほど焼く。

7 あとは火を止める。ここからは好みの焼き加減にする。ミディアムレアが好きな方はそのまままな板の上で2分ほど肉を休める。ミディアムが好きな方は、さらに1分ずつ、火を止めたフライパンの上で肉を休める。ウェルダンが好きな方は弱火のまま、表裏、30秒ずつ火を通す。

8 そのまま温めた器にのせてフォークとナイフでいただいてもよいが、そぎ切りにして、お皿に並べると、さらに繊維がほぐれ、柔らかくいただける。お好みでごはんやクスクスを添えて。ローズマリーを飾る。

my style

25

by

行正り香

大人も子どもも満足できる食後の一品をちゃんと用意したい。

りえちゃんと私は、「デザートをいただくなら、もう一杯飲んじゃおうかぁ」という酒飲みタイプです。だけど子どもたちは、やっぱり甘いものがあると喜びます。なるべく手間をかけずに美味しいものというと、一番に思いつくのが、りんごのソテーとバニラアイス。どちらも必ず家にある材料だから、すぐに作ることができます。

デザートは、せっかく凝ったものを作ったのに、子どもたちから「何これ？」とあまりうれしくなさそうに言われると、どっと疲れますよね。だけどこれならば安心。絶対に子どもたちの期待を裏切りません。そして作り方も後片付けも「超ラク」と3拍子揃っています。

私は、レストランでも生クリームたっぷりの濃厚なデザートより、フルーツを使ったものが好きなんです。これはワインにも合いますし、カルバドスに合わせてもいいですね。食後にチーズを食べるほどの体力がないので、お酒に合うデザートってありがたい。デザートの話をしているはずが、結局お酒の話になってしまいました（笑）。

Caramel Apple with Vanilla Ice Cream

recipe
10

りんごのカラメル煮

材料（4人分）

グラニュー糖…1/2カップ
りんご…1個
シナモン…少々
バター…20g
黒こしょう…少々
バニラアイスクリーム

作り方

1 フライパンにバターと砂糖を入れて、中火にかける。カラメル状の茶色になったら、ここに薄いくし形に切ったりんごを加える。蓋をして、3～4分ほど煮る。シナモンを少々かける。
2 お好みの量のアイスクリームをのせていただく。黒こしょうを挽いてかけるとアクセントに。

「私たちの母同士が似ている。だから、自分たちも相性がいいのかも」（りえ）

りえ　私たちも似ているけど、私たちの母親同士も、実は似ているんだよね。り香ちゃんの本にお母様のことが出てくるけど、実際にお会いして、やっぱり！って。

り香　りえちゃんに会った後、母がしみじみと言うんです。「りえちゃんとり香ちゃんは、ほんと似てるわね」って。

りえ　どちらの母も子育てしながら仕事をして、そこに迷いがなかった人たちだから、体験してきたことも似ているのかもしれないね。自分の人生をすごく大切にしてる女性だなって。

り香　そういうお手本があって、私たちみたいな娘が育つのかな。仕事をした経験のある母を持てたことは、とてもラッキーだったと思うの。「仕事を辞める」ではなく、「働けたほうがうれしい」という考え方だったから。私は、母から言われたの。「結婚はしなくてもいいけど、仕事は続けなさい。自分をつくってくれるものだから」って。

りえ　私も、辞めちゃだめってよく言われた。あと「自分が思っているほど家庭的じゃないんだから、自覚しなさい。誰と結婚したって同じなんだから、仕事も続けなさい」って（笑）。

り香　私もまったく同じことを言われた！「料理が好きだからって家庭的なわけじゃないのよ」って。

りえ　でも私たち、自分が家庭的だって思っていたよね？

り香　思っていた！

りえ　だから私、母から言われた言葉に、はっとした。と同時にすごく腑に落ちたんだよね。だからもう家庭的ぶるのはやめて、自分ができることを頑張っていこう、できないことは諦めよう、って。

り香　できないことは人や機械を頼ればいいのよね（笑）。

りえ　あの母たちのおかげでこうやって割り切ることができたのかもしれないね。

り香　私たちの母にして、この娘あり、ですなぁ。

「仕事経験がある母を持てたことはラッキー。母のおかげ、と思うことはたくさん」（り香）

Chapter 4

Personal time

ひとりの時間

仕事からも、子育てからも離れて、ひとりになる時間。
どんなに忙しくても、大人の女性にはそれが必要です。
気持ちを切り替えて、自分を見つめて、それがまた明日
につながっていく。とっておきの時間の過ごし方。

my style
26
by
ともさかりえ

日記を書く、大事なひとり時間。もやもやを整理して、また明日、と思えるから。

寝る前には、いつも日記を書いています。学生時代からずっと続けている私の習慣で、その日にあったことを振り返りながらぽつりぽつりと書いていくのですが、不思議と気持ちが落ち着きます。私は言葉にして自分の気持ちを伝えることが苦手で、つい「あ……こんなふうに言ったら傷付けてしまうかな？　今はタイミングじゃないかもしれないな」と飲み込んでしまいがち。気づくと、もやもや～っとしたものが心に溜まってしまう。そんな思いもペンを持って文章にすると、少しずつ整理できるのです。時には、こうしてみれば良かった！　こんなふうに言われた！　と日記上で爆発することも（笑）。相手にうまく伝えきれなかった言葉を書き留めてみて、今度はこんなふうに話してみよう！　と考えてみたり、私は書くことで、自分の思いを整理整頓しているみたいです。

その日の終わりに日記を書き終えると、よし今日はこれで終わり。どんなに悩み事があっても、また明日、と切り替えられるのです。たまに読み返してみることもあるけれど、読み返すことを目的に書いているわけではなくて、基本的に書き終えた日記帳はどんどん処分。過去を振り返って、きちんと受け入れなきゃ乗り越えられないこともあるけれど、大事なのは前を向くことだよなって、日記を書くと素直に思えます。文字にすることで、自分の考えを客観視できるのかもしれませんね。

今は3年日記を使っているけれど、それも今年で書き終えます。来年はどんな日記帳にしようかな。

my style

27

by

行正り香

映画は私を、別世界に連れて行ってくれる。

映画が好きで、本当によく観にいきます。インテリアから子育て、仕事やベビーシッターの依頼の仕方まで、何でもかんでも映画から学んでいます（笑）。観るのは、やはり映画館が多いかな。大きなスクリーンで観ないと細かい部分を見落としてしまう気がしているからです。

会社の先輩から教えられたんです。「悪い映画なんて一本もない。いいところがひとつも見つけられなかったとしたら、自分の負けだ」と。ライティングでも、ひとりの俳優さんの演技でも、あるいは最後のタイトルデザインでも、とにかく必ずいいところがある。私もそう思って観ているので、終わったあとに、時間のムダだったと思ったら、自分の観察力が足りないんだな、と思っています。

りえちゃんも、おすすめの映画を教えてくれます。「やっぱりこの映画はふたりで観たかったねぇ」「りえちゃんがこの映画の女優さんをしたら、おもしろいだろうなぁ」、お酒を飲みながら、いろんな話をします。ふたりとも映画が大好き。映画はふたりの時間を埋めてくれるような、そんな存在でもあります。

my style
28
by
行正り香

考え込むより動く。

毎日ウォーキングをしています。子どもを学校まで送って行ってその帰りにひとりで遠くを回ってだいたい40〜50分くらい歩きます。

始めたのは、仕事でものすごくストレスフルな日々を送っていた頃。たまたま音楽を聴きながら歩いていたら、すっかり頭のなかがからっぽになっていて、これはいいと感じたのです。当時は、仕事での失敗や他人から言われたことなどをずっと気にして、うまく気持ちが切り替えられなかったのです。だけど、体を動かして血流がよくなると、脳のなかも流れがよくなって活性化されるみたいです。それまでも、何かを思いつくのは、電車やバスに乗っている時や歩いている時でした。何も変化のないところにいると、どうしても停滞するのかもしれないな、と感じています。歩いていると、景色も聞こえてくる音もすべてが変化するから、刺激があるんですよね。どんどん新しいことが思い浮かぶ。ただ机に向かっているよりも1日30分でもいいから体を動かしたほうが、仕事の効率も上がると思います。英語が上達したい人も、歩きながら英語の教材を聴くほうが、断然上達すると思います。ちなみに、私は歩いているとき、You Tubeなどで英語の動画を聞いたりして、英語の言い回しを学んだり、最近流行っている音楽はどんなものかな、と聴きながら動いています。楽しいですよ〜。

my style
29
by
ともさかりえ

孤独と自由の素晴らしさを知った20代最後の旅の体験。

高校時代からの親友と、沖縄弾丸ツアーに行ったことがあります。当時28歳だった私は、とにかく煮詰まっていました。それまで新しい環境や出会いに対して臆病なところがあって、知らないところへ行くよりも慣れ親しんだ物や人に囲まれて過ごすことが好きでした。

でも30歳を目前に、新しい自分への憧れがあったんだと思います。新しい自分と出会うためのチャンスを作り出せるのは自分しかいない。思い立ったが吉日！とばかりに、家族の了承を得て沖縄へ。ひとりでエアチケットを手配することすら初めての私は、完全に「はじめてのおつかい」

状態。那覇空港待ち合わせ、那覇空港解散。ドタバタだったけど、本当に楽しかったなぁ。それまで知らなかった景色を眺め、新しい友達にも出会えた。知らないことを知るって、こんなにも楽しいことなんだ。旅って、こんなにも自由になれるものなんだ。

あの日、あの沖縄のビーチで「りえ、ハッピーバースデー！」と親友が言ってくれた。新しい自分に生まれ変わったでしょ、って。他人から見たら些細なことであっても、自らの足で踏み出すことは勇気のいることです。何かを新しく創り出すためには自由と孤独が必要。たくさんの孤独を価値ある自由に変えていけますように。

my style

30

by

行正り香

音楽は、私の友。

音楽。私の人生には欠かせません。特にジャズが好きで、青山のブルーノートには、よく行きます。ステージに立つ人たちの発する言葉やエネルギーに圧倒されて、ものすごい刺激を受けるからです。好きな音楽を演奏し続けるために、努力をし、勝ち抜いてきた人たちですから、技術も気迫もずば抜けています。あの値段であれだけの体験ができるというのは、ある意味、すごいことだと思います。CDで聴けばいい、という方もいらっしゃいますが、ライブはCDとは別ものです。先日も、ピアニストの上原ひろみさんのステージに行きましたが、大変な練習のあとに、あんなに楽しく音楽と接する人がいるのかと驚いてしまいました。

趣味を同じくする人となら、連れ立っていって「よかったね！」と語り合うのもまた楽しいものです。りえちゃんといっしょに行ったキース・ジャレットやアース・ウィンド・アンド・ファイアーのコンサート、素晴らしかったな。あ、お疲れだったりえちゃん、時に寝ておられましたが、その姿も、本当にかわいかった。

同じ価値観や空気感の人とコンサートに行くのは楽しいけれど、そうでなければかえって気を遣います。ならばむしろ、ひとりで行きたい。ひとりでもふたりでも、エネルギーをチャージしたい時に、ライブはおすすめです。

my style
31
by
行正り香

習い事で、いつもと違う感覚を楽しむ。

学ぶことは、大好きです。「へー」という発見や「なるほど」という驚きは、お金に換えられないものがあると感じているからです。

というわけで、いろんなものを習ってきました。小さいときは習字、プール、絵。大きくなってからはイタリア語、ソーシャルダンス、ジャズピアノ、アルゼンチンタンゴ……。習い事のいいところは、すぐに始められるところ。なのですが、実はこれ、なかなか続かない。不思議なくらい、続かない。それでも一度やれば、ゼロではない。何かはプラスに増えているはずなので、とにかく学ぶことへのチャンスにだけは、敏感になっておこう、とは思っています。

習い事は、毎日のルーティンワークでは、できない体験をするチャンスです。いつもとまったく違う体の使い方、脳の使い方をするからすごく刺激になるんです。アルゼンチンタンゴを踊ると、これまで使ったことのなかった筋肉まで総動員して、体への意識がまるで変わりますし、集中してピアノを弾いていると脳のモーターがキュンキュンと高速回転している感じがします。その感覚がすごくおもしろい。そんなことを言っていると、中断していたアルゼンチンタンゴ、再開したくなってきました。うん。やってみよう。

my style
32
by
ともさかりえ

大好きなキッチンで焼く、深夜のケーキは、最高のリフレッシュ。

家のなかで一番好きな場所はキッチンです。手紙を書くのもお茶を飲むのも、本を読むのもキッチン。自分の部屋みたいな場所なのです。キッチンで、深夜にケーキを焼くこともあります。家族が寝静まった後に、ひとりで黙々と手を動かして卵白を泡立てたり、粉を混ぜたりして作業に没頭していると、いつの間にか無心になれるのです。しかもケーキ作りは、材料をきちんと量って、レシピに忠実に作業すればたいてい成功します。それが何だか科学の実験みたいで楽しい。オーブンのなかでふわーっと膨らんでいくケーキを見ると何とも言えない達成感が味わえます。キッチンから漂ってくる甘い香りに包まれながら、ベッドに入って眠りに落ちる時の幸福感といったらないです。

時間がある時に、常備菜を作ることもありますが、それは生活のための料理ですから、ケーキ作りとはまったく別のもの。必要に迫られず、誰かから期待されるわけでもなく、ただ作るだけという行為は、なぜかとても心を落ち着かせてくれるのです。

my style
33
by
ともさかりえ

気持ちの切り替えを上手に手伝ってくれる、行きつけの店がある幸せ。

大好きなお店があります。私が私であることを確認できる、とても貴重な空間。

いつもは仕事が終われば真っ直ぐ帰宅します。そして玄関のドアを開ければ、お母さんの私に戻る。独身の頃は仕事とプライベートの境目を明確にできないまま、ずるずると悩んだりすることも多かったけれど、母親になった今は意識しなくても否応なしに切り替わるから不思議ですね。母は強しだなと自分でも笑ってしまいます。

家庭と仕事の両立は大変だけど、その大変さに救われているところもあるのかもしれません。鬱々している暇もなく次から次へとやることがあるし、楽観的にならざるを得ない。人間はそう簡単に変わりませんから、こうやって状況に後押しされる形で、考え方を前向きに切り替えていけるなんてラッキーだなと思います。

ただ本来の私は、根っこが後ろ向きな人間ですので（笑）、監督の要求に応えられなかったり、精神的にハードな場面を長く撮影した帰り道なんかは、どよよーんと重苦しい空気を背負い込んでしまいます。身体も心も疲れ切っているのに、頭は冴えているというチグハグな状態。

そんな日は、ビールやワインを1杯だけとか、1時間だけとか、ちゃんとリミット決めて寄り道をします。いつも決まったお店の同じ席で、同じメニュー。この変わらなさが私を安心させリラックスさせてくれる。

お店の奥さまも私の顔を見て状態を察してくれるので、適当に放っておいてくれたり、他愛ないお喋りに付き合ってくれたり、その絶妙な距離感が有難く心地よいんです。

働く自分でもない、母親としての自分でもない、ただの「自分」であることを確認する。私が私を取り戻すための、大切な時間です。

my style
34
by
行正り香

ワインは、私を旅に連れて行ってくれる。

ワインは、私の一番の趣味。ワインを飲むために仕事を頑張っているといっても過言ではありません。だからワインショップも大好きで、よく行きます。棚にあるワインを端から、アメリカ、チリ、イタリア、日本と眺めていると世界を旅をしているような気分になって楽しくなるのです。ワインには、ボトルごとにストーリーがあります。どんな造り手がどんな想いで造ったのか。ワイナリーのあるエリアはどんなところで、ブドウが収穫された年はどんな気候だったのか。それらのことがすべて1本のワインに詰まっているのだから、本当に楽しい存在です。

一番親しみを感じるのは、カリフォルニアワイン。米国留学中にワイナリーの近くに住んでいたからです。私はワインが好きになるよりも前に、ブドウ畑の風景を好きになりました。なんてかわいい牧歌的な場所だろうと思っていたら、造り手の方と仲良くなったりして、それでどんどん興味を持ちました。

ソムリエの資格など持っておらず、単純に飲み倒してきたわけですが、基本はお酒も食材も調味料も「味見」する感覚は同じなので、おいしいワインに出会ったり、おいしいお塩に出会うと、本当にうれしい気持ちになります。

イタリアワインも好きだなあ。今夜はどっちを飲もうかな。

「また模様替えをしたいんだけど、り香ちゃん、一緒に考えてくれる？」（りえ）

り香　私とりえちゃんは、10歳以上違うんだけど、もう親戚、妹、みたいな感覚なのよね。

りえ　そう。クローゼットの奥まで見せたのは、り香ちゃんだけだよ。母だって家族だって、見たことないんだから。

り香　ふたりでりえちゃんのクローゼットを片づけたときも楽しかったよねぇ。お片づけの相談に乗っているうちに、行ったほうが早いってことに気がついて（笑）。3日がかりでお部屋改革したよね。

りえ　うん。1日目は捨てるもの、取っておくもの、今使うものと分けて、り香ちゃんから「これは、何年前に着た?」「うーん、忘れた」「はい、さよなら」って（笑）。

り香　りえちゃんからは「この服は、私には似合わないけど、り香ちゃんは似合うと思うよ」って、素敵なセーターやスカーフいただいてうれしかったなぁ。りえちゃん、いつもすごくおしゃれだから、「似合う」って言われただけでウキウキしちゃうんですね。楽しい思い出だよね。

りえ　それで、2日目は、家具の配置を考えてもらって、きれいに整えてもらった部屋でデリバリーのピザを頼んで、シャンパンで乾杯した。

り香　それで3日目は船橋のIKEAに行ったのよね。

りえ　併設の託児施設に1時間子どもたちを預かってもらって、ものすっごいスピードで、カートを押して動きまわったね。お皿やワイングラスを一緒に選んで。

り香　あの充実感ったら、なかなかないわねぇ。

りえ　ところでまた模様替えをしたいんだよね。

り香　そうなの！　次はどんなふうにしたいの？

りえ　そうだなぁ、また一緒に考えてくれる？

り香　もちろん！　いつもふたりで何かを創り上げていくのは、とっても楽しいもの。あはは、私たち夫婦みたいだね。

「3日がかりでりえちゃんちを片づけたのは、すごい充実感だったわね」（り香）

Chapter 5

Favorites

お気に入り

忙しい毎日だからこそ、いつもお気に入りの物に囲まれていたい。こだわりを持って、あれこれ好きなものを選ぶ楽しみは、女性ならではの特権かもしれない。心をうるおしてくれる物たちと出会うまでのストーリー。

my style
35
by
ともさかりえ

落としてもショックを受けないプチプライスのイヤリング。派手めのものにチャレンジも。

10代の頃からピアスに憧れているのですが、いざピアスホールを開けようと思うと、何故か時代劇のお仕事が決まるという不思議な偶然が重なり（笑）、なかなかタイミングが合わず、ピアスデビューはのびのびに。り香ちゃんはいつもピアスのお洒落を楽しんでいて、とっても素敵。私もあんなふうに……と同じようなイヤリングを真似してつけてみるのですが、まぁーよく落とす落とす。気づくと片方だけなかった！ということがしょっちゅう。高価なものだとショックも大きいんですよね。

そこで最近ハマっているのが、プチプライスのイヤリング。駅ナカにあるような雑貨屋さんはかなり穴場。デザインにもよりますが500円〜3000円くらいで、可愛いものがたくさんあるんですよ。コットンパールが好きなので、パールのイヤリングは必ずチェック。フープタイプも洋服を選ばず合わせやすいので、大小さまざまなサイズを集めています。ターコイズを使ったデザインも夏らしくていいですよね。プチプラだから少し派手めのデザインに挑戦するのもグー。そして気に入ると、紛失したときを想定して2〜3個まとめて購入することもあります（笑）。

今の夢は40歳でピアスホールを開けること。実は、り香ちゃんからプレゼントでいただいた美しいピアスがあるんです。あれ？　りえちゃんピアスじゃなかったっけ？　と大笑いしていたり香ちゃん。しっかり者に見えて、実はめちゃめちゃ天然なり香ちゃん。そのギャップが可愛くてたまりません。念願のピアスデビューには、あの青い石を耳元で揺らしてみたいな。

earrings

wine glass

my style
36
by
行正り香

大好きなワインは大ぶりのグラスで。

ワインが大好きだから、ワインをおいしく飲むためにはどんな料理が合うだろう、どんな照明がいいだろう、と日夜知恵を絞っています。もちろんグラスも重要なアイテム。いいグラスで飲むと、本当に味が変わるからです。

選ぶ時のポイントは、大ぶりで、口当たりのいいもの。一般的に大ぶりのグラスは、赤ワインと合わせることが多いのですが、私は、白ワインでも大ぶりので飲んでいます。大ぶりのグラスに注がれたワインは、空気と触れる面積が広いので、まろやかになっていくんです。グラスを傾けた時に、香りがふわっと広がるのもいいですね。これこそ私の人生を豊かにしてくれる必須アイテムかもしれません。

口当たりのよさは、自分で飲んで感じるしかないので、まとめ買いはせず、まずは1客だけ買って自宅で試してみるのがオススメです。高価なものでなくても、おいしいと感じるグラスは、きっと見つかります。

ちなみにおいしいワインに出会うには、1000円以内ならチリの白から、1000円以上ならばイタリアの白から探すのがおすすめです。赤はやはり1300円くらいからぐっとおいしくなってくるので、白赤迷う時ならば、私は白を選びます。1500円前後ならばイタリアの赤など、おもしろいものが増えてきます。特にプーリア州などの南。そこから先お金を出そうかな、という気分になったならば、カリフォルニアはまだまだリーズナブルでおすすめだと思います。値段と国とのかけ算で選んだほうが、おいしいボトルに出会うチャンスが多いかな、というのが私の今の感想です。

カジュアルアップに一役買ってくれる襟付きシャツ。私なりのこだわりポイントは。

my style
37
by
ともさかりえ

ベーシックなアイテムが好きです。特にシャツが好き。素材もデザインもさまざまなタイプがあるけれど、私は白いシャツが一番好きです。その時代によって、流行の

shirts

シルエットは微妙に変化していきますが、個人的に変わらぬこだわりとしては……しっかりと立ち上がる襟、たっぷりロールアップできる袖の長さ、そして身体のラインが出すぎないサイズ感であること。

シャツそのものが洗練されているアイテムなので、デニムやサロペット、スウェットなんかに合わせても、カジュアルになりすぎず、大人っぽい印象で着ることができます。特に白シャツは、誰にでも似合う万能アイテムではないでしょうか。

定番の白シャツ以外にも、写真で着ているようなストライプも爽やかで春夏シーズンにぴったり。夏といえば、ユニクロで毎年出てるリネンシャツもお手頃でオススメ！　私はLサイズを選んでゆったり着るのが好きです。ギンガムチェックのシャツを腰に巻いたり、ダンガリーシャツをさらっと着るのもカッコイイ。気負わず、Tシャツ代わりに着るくらいの気分で楽しみたいアイテムです。

手元がきれいだと気分がぐっと、上がります。

my style 38

by 行正り香

指先には、いつもジェルネイルをしています。一日のうち何度となく自分の視界に入るのが指先。きれいにしておくと気分も上がるので、サロンへは1か月に1回の割合で行っています。料理の仕事をしているのに、と言われることもありますが、料理の仕事をしているからこそ、ジェルネイルが大切なのです。していない時は爪が弱って、ヒビが入ったり、二枚爪になったりしていましたが、今はジェルが水や油を弾いてくれるので、その心配がなくなりました。指輪は、料理の邪魔になるからはずしてしまうことが多い。だからその分、ネイルにはスワロフスキーをあしらったりして華やかさも出しています。

私なりのポイントは、ベースを薄めのベージュ系やオレンジ系、ピンク系にしておくこと。肌となじむので多少爪が伸びても気になりません。ネイルは、私にとっては、個性を表現するためのものではありません。私が目指すのは、キュートでもプリティでもビューティフルでもなく、ナチュラルな感じ。料理をするので落ち着きのあるデザインを心がけています。

誰も気がつかないことでも、小さなこだわりを持つことは楽しいことですね。本当は私も爪以外にもいろいろ頑張りたいですが、まずはここだけでも最低限のラインとして、守っていきたいな、と思っています。次はファッションだなぁ。りえちゃん、いろいろ教えてくださいませ〜。

gel nail

my style

39

by ともさかりえ

かわいいものに包まれると、考え方も素直になれる。

lovely item

かわいいものが大好きです。外ではクールに見られがちな私だけど、実は家の中では少女趣味全開。リボンやレースがついた、ラブリーな部屋着を愛用しています。お気に入りはナナデコールというブランド。オーガニックコットンを使っていて、とっても着心地がいい。お風呂上がりにかわいいガウンを羽織って、スチーマーを浴びながらお肌のお手入れをしたり、ベッドでごろごろするのが至福の時間。

ああ！　かわいいものに包まれている！っていう満足感が、自分をうっとりさせるのです。ただの自己満足なんですが、かなり癒やされます。外では強がっているので、こうやって自分なりにバランスを取っているのかもしれません。

10代〜20代前半は、かわいい格好になんて、全く興味がありませんでした。早く大人になりたかったから、精一杯、背伸びをしていたのです。いざ大人と括られる年齢になってみると、大人になったからって大人になれるわけではないんだな〜と、しみじみ思うわけです。無理をしてピンヒールを履いたからって、かっこいいスーツを着たからって大人にはなれない。失敗をして、悔しい思いをして、それでも諦めたくなくて、どん底から這い上がる過程にこそ成長がある。人のせいにすることは簡単です。自分の感情に任せて言葉を吐いてしまえば、その瞬間はスッキリしたような気がする。でも、大変な場面でこそ投げやりにならずに相手を思いやることができたら……そんな人間になれたらいいなと思います。

ラブリーなものに触れていると、人それぞれ、ニュートラルな自分を取り戻す方法は違うだろうけど、考え方も柔らかく素直になれる。私の場合はラブリーな部屋着が必須。おほほ、意外でしょ。

high heels

my style
40
by
行正り香

やっぱりヒールは美しい。だからこそ、歩き疲れないブランド。

ドラマとかで、女性が美しいピンヒールを履いてニューヨークを歩いていますよね。「いや、すごいなぁ」と思います（笑）。日本は階段が多いし、地下鉄の駅の乗り換えも大変だから、あんな靴は苦行です。おしゃれとはいえ、きつすぎる。しかしながらある程度、高さのあるヒールの靴を履いたほうが、女性の体は断然きれいに見えるよなぁ、なんて思いながらブラブラしていたら、見つけました。ロックポートのパンプス。軽くてフィット感抜群のスグレものです。長時間履いても疲れないから、すぐに2足目も買いました。最近、お出かけの時はもっぱらこの靴を履いています。

そういえば、「きれいはね、ちょっぴり無理をするってことなんだよねぇ」と、りえちゃんがお話ししてくれたことがありました。その夏の夜、りえちゃんはゴールドのパンプスを履いていて、とってもキラキラした靴がきれいで、うらやましな、と思いました。そうしてよく足元を見たら、りえちゃんの小指に絆創膏が貼られているではありませんか（笑）。可愛くって、思わず聞いたら「無理をしないとね、女の子だから」って。「えー、私に会うのに、無理してくれてありがとう！」と感動したのを覚えています。

りえちゃんは、いつも全体はリラックスしたファッションなのですが、時に絆創膏が必要な靴だったり、重たくて大変そうなバッグを持っていて、そのちょっとした無理が、彼女の全体の女らしさを創っているんだな、と思うことがあります。この歳になりますと、かっこいい男子を近くで見るより、美しい女子を見るほうが、刺激的です。

りえちゃん、私も頑張りますね。ヒール人生。とはいえ、ウォーキングシューズセクションの中から選んだハイヒールを履いて行っちゃうところが、私なんだけど、許してね。いつかキラキラの靴、買ってみるから。

glasses

my style
41
by
ともさかりえ

似合うフレームが見つけられたらラッキー。眼鏡のお洒落、お勧め！

シンプルなカシミアのニットとデニムでも、そこに合わせる靴やアクセサリーなどで印象はまったく変わります。眼鏡は、コーディネートに変化を出したいときにとても効果的なアイテムです。これひとつでグンとお洒落に見えるし、私の場合は、ノーメイクを眼鏡でカバーしているところもあります（笑）。デザインによっては、アイライン効果もあるんですよ。

いま一番気に入っているのは、セレクトショップで見つけたＤＩＴＡというブランド。日本人の顔立ちにもよく似合う、とてもかけやすいブランドです。私は洋服に合わせて何種類か使い分けています。見た目では派手かな？と感じても、実際にかけてみると思いの外しっくりきたり、こればかりはかけてみないと分かりません。フレームが水色からベージュのグラデーションになっている眼鏡は、肌馴染みも良く、適度にポップで大のお気に入りです。

顔立ちによって、似合うフレームの形が大きく違います。流行りよりも大事なことは、自分に合うか合わないか。気になったら何本もトライしてみて、自分にしっくりくる運命の形を見つけてみてください。お洒落が楽しくなりますよ。

my style
42
by
行正り香

器とは、出会うもの。地方の骨董市にも掘り出し物がたくさん。

器が好きです。特に和食器は、形にバリエーションがあって、すごくおもしろい。アートワークとして見事だと思います。古い器を見るのも好きで、神社や国際フォーラムでやっているような骨董市にもよく足を運んでいます。江戸時代や明治時代の職人たちの技術には驚くものがあります。人が作ったものには、心が宿る。京都に出かけた時に立ち寄るのは、古伊万里など古い器を扱う、てっさい堂。目利きのご主人が集められた素晴らしいコレクションを見ることで、目が磨かれます。器はやはり見る目を養うことがとても大切だと思います。

りえちゃんもとても器を大切にしていて、生活も大切にしていて、ときどき「考えたらこんなに若いのに、どうしてそんなセンスがあるのかな」と考えさせられることがあります。そんな時、気がつきました。あ、いつも写メ撮ってる。「り香ちゃん、これ素敵だね、美味しいね、このCDいいね」と言ったら、いつも写メ撮って、自分の中に、そっと残そうとしています。そしてときどき「私も買ってもいい？」って聞いてくれたりします。もちろんですよ～（その遠慮深いところが、とってもかわいい）。

私もですが、素敵だな、と感じたら、素直に聞いてみるんです。「これなんですか？　今、かかっている音楽は何ですか？」って。素敵だと感じる一瞬に出会うことなど、めったにないことなのだから、そういう一瞬は大切にしようと。

いつかふたりで京都の骨董品屋さんとかに行ったら、お店から出てこれないだろうな。これどうだろう、あれどうだろうってお話をしながら、時間を重ねていくのは、楽しそう。

antique

gift

my style

43

by

ともさかりえ

女性同士だから、好きなものがわかる。最高のギフトを贈りたい。

私の父は、車から降りる時はドアを必ず開けてくれるし、記念日には素敵なリボンがかかったプレゼントを用意してくれるような人です。決して裕福な家庭で育ったわけではないけれど、女性を自然に思いやることができる父を見て育ってきました。男性とは、こういうものなんだな～と思ったまま過ごした10代の私に、声を大にして言いたい。「それはとんでもない誤解よ～!!」。人並みに恋愛をして、いろんな経験をしてきましたが、父を基盤にした男性像の在り方はガラガラと音を立てて崩れ落ちていきました（笑）。

男性に多くを求めてもいいことはございません。期待をするから傷付きます。私も100万回以上傷付いてきましたが、男性側からすると「なんのこっちゃ？」という感覚みたいなので、これはこっちの考え方を変えたほうが手っ取り早いなと思い、今に至ります。過剰な期待は手放す！　そのほうが断然、平和。相手にも優しくできます。

そして改めて、持つべきものは女友達だな～と実感。女性の観察眼って、女性ならではの才能だと思うんです。美しいランジェリー、花器、上質なカーディガン、琺瑯の保存容器……ツボをしっかり押さえたギフト選びに唸らされたこと数知れず。そうそう、り香ちゃんも本当にプレゼント上手で、これまで何度もワクワクさせてもらいました。どれも最高の思い出だけど、り香ちゃんセレクトの音楽が入ったｉＰｏｄにはときめいたな～。いやぁ、り香ちゃんが女の人で良かったです。もし男性にあんな気の利いたプレゼントをされたら、間違いなく好きになってしまうもの！　写真のピアスは、私からり香ちゃんへのプレゼント。ショートカットのり香ちゃんには、揺れるピアスがよく似合うんです。

my style

44

by

行正り香

1種の花だけを活けてみる。本当の美しさに気がつく。

家には、花を絶やさないようにしています。ず〜っても貧乏な大学生の頃からそうでした。いまは毎朝のウォーキング中に見つけた野の花を摘んだり、時には枝から落ちたばかりの椿を拾ったり、あるいはコンビニで、売っている花を買ったりしています。

私は、複数の花をアレンジするよりも、1種類の花だけを活けるほうが好きです。チューリップならチューリップだけ、芍薬なら芍薬だけ。そのほうが花の持っている本質的な美しさに目が行くからです。アレンジメントの大きなブーケをいただいた時は、花の種類ごとに分けて、家のあちこちに飾ることもあります。

花を眺めていると、もうこの花が咲いたのか、と季節を感じたり、昨日までつぼみだったのに、もう開いたんだ、とその成長ぶりに気づいたりします。本当に何気ないことですが、その何気なさが心地いい。

心に、ちょっとした潤いを。お花の力は偉大です。

flower

my style

45

by
ともさかりえ

ふたりとも愛用していたエルメスのナイルの庭。大好きな香り。

り香ちゃんと初めて会ったときふわりと同じ香りがして、ずっと前から知っているようなとても懐かしい気持ちになったことをよく覚えています。

まさか同じ香水を愛用していたなんて！　グリーンマンゴー、ロータス、インセンス、ショウブ、シカモアウッド……みずみずしい緑と植物の香りです。私はまず両手首につけて、それを首の後ろ辺りにも馴染ませる。足首の辺りにもシュッ、最後に頭の上の辺りでシュッ。体全体にこの香りを柔らかくまとうようなイメージで。

持ち運び用にはノマドセットがおすすめ。15mℓサイズ×4種のフレグランスが選べるんです。それぞれ違うものを選んでも楽しいけれど、私はもちろん、4本全てナイルの庭。化粧ポーチでも、小さなクラッチバッグでもすんなりおさまります。香りは時間と共に消えていくので、夕方のデート前にシュッと付け足し！　みたいな使い方もいいですよね。

り香ちゃんとふたりで料理をしたり、映画を観たり、お酒を飲んだり、おしゃべりをしたり、未来を見つめたり、これまでいろんな時間を共に過ごしてきました。その空間には必ずナイルの庭。誰にも言えない秘密も、り香ちゃんはたくさん知っています（笑）。り香ちゃん、墓場まで持って行っておくれ～。胃袋も合う、性格も合う、こんな人なかなか出会えません。

いつも男前なイメージだけど、砂糖菓子のようにデリケートなかわいらしいり香ちゃんも愛おしいし大好き。り香ちゃんが笑ってると私もうれしい。いつまでも見つめていたい人です。

なんて、愛の告白みたいになっちゃった！

perfume
UN JARDIN
SUR LE NIL
HERMÈS
PARIS

Food + Talk + Wine =

Friendship

ともさか・りえ

1979年10月12日東京都生まれ。女優。12歳でCMデビュー。TVドラマ「金田一少年の事件簿」（日本テレビ）で注目を浴び、以後、ドラマ、舞台、映画、CMなど幅広い分野で活躍。舞台の出演にも意欲的で、「鎌塚氏、振り下ろす」「虹とマーブル」などがある。近年の映画出演作は、「ちょんまげぷりん」「アブラクサスの祭」「100回泣くこと」など。子育てや料理など日々の出来事をつづったオフィシャルブログが人気。著書に『ともさかりえの徒然note』（主婦と生活社）、『中身』（幻冬舎）などがある。

＊オフィシャルブログ　http://ameblo.jp/tomosaka-rie/

ゆきまさ・りか

1966年７月13日福岡県生まれ。料理研究家。広告代理店でCMプロデューサーとし勤務した後、独立して子ども用学びサイトを立ち上げる。『行正り香の暮らしメモ100』（マガジンハウス）ほか、著書40冊ほど。「今夜の献立、どうしよう？」というモバイルアプリを配信中。作りやすく正確なレシピに定評がある。

＊オフィシャルブログ「FOOD DAYS」
http://fooddays.jp/

＊オフィシャル英語ブログ「TOKYO FOOD DAYS」
http://tokyo-fooddays.amebaownd.com/

＊子ども向け学びサイト「なるほど！エージェント」
http://www.naruhodoagent.com/

デザイン　吉村 亮（Yoshi-des.）
構成　今泉愛子
撮影　ともさかりえ、行正り香、
小笠原真紀（マガジンハウス）

ともさかりえ撮影分
スタイリスト　福田麻琴
ヘアメイク　伴まどか
衣装協力　ネストローブ 表参道店、ビショップ

オトナ時間。オンナ時間。

2015年8月27日　第1刷発行
2015年9月15日　第3刷発行

著　者　ともさかりえ＆行正り香
発行者　石崎 孟
発行所　株式会社マガジンハウス
〒104-8003 東京都中央区銀座3-13-10
書籍編集部　☎03-3545-7030
受注センター　☎049-275-1811

印刷・製本所　株式会社千代田プリントメディア

ISBN978-4-8387-2758-2　C0095